AF336151

LES CANDIDATURES RÉPUBLICAINES

ET LEURS

CHANCES DIVERSES DE SUCCÈS

CALCULÉES PAR DÉPARTEMENT ET PAR ARRONDISSEMENT

(A RAISON DE 1 DÉPUTÉ PAR 75,000 HABITANTS)

PAR

CRESPY-NOHER

SE TROUVE A BORDEAUX

A LA LIBRAIRIE RANCE-PARIS

149, COURS DES FOSSÉS, 149

ET CHEZ LES PRINCIPAUX LIBRAIRES

—

1875

LES CANDIDATURES RÉPUBLICAINES

ET LEURS

CHANCES DIVERSES DE SUCCÈS

Les deux espèces de Scrutin

Le scrutin par *département*, dit SCRUTIN DE LISTE (1) et le scrutin par *arrondissement* dit scrutin UNINOMINAL (2) vont bientôt se trouver en présence à l'Assemblée de Versailles, à propos de la loi électorale, dont la discussion viendra certainement la première, en novembre prochain, au retour des vacances parlementaires. — Lequel l'emportera des deux modes de sectionnement? nul ne peut le

---

(1) On l'appelle *scrutin de liste*, parce que chaque bulletin déposé dans l'urne, contient une liste de noms plus ou moins longue, les divers candidats ayant été choisis dans toute l'étendue du département et dans la même opinion, un seul candidat pour tout le département ne pouvant suffire à la tâche.

(2) On l'appelle *scrutin uninominal*, parce que la population de la plupart des arrondissements étant presque toujours inférieure à 110,000 habitants (75,000 + 35,000) chaque bulletin déposé dans l'urne ne porte généralement qu'un seul nom.

dire au juste en ce moment, car chacun des deux systèmes compte dans les diverses parties de l'Assemblée, à peu près le même nombre d'adversaires et de partisans, tous aussi résolus les uns que les autres à faire triompher ce qui fait l'objet de leurs préférences, l'utilité publique n'étant pas toujours le but exclusif de toutes les préoccupations. Cependant, le nombre des indécis est considérable et la victoire ou la défaite de l'un des deux systèmes dépendra du parti qu'ils prendront. On a pu remarquer également que la majorité de *gauche* semble incliner vers le *scrutin de liste*, pendant que celle de *droite* paraît vouloir se prononcer pour le *scrutin uninominal*. Les uns et les autres, considérés comme hommes de parti, sont-ils bien logiques et bien habiles dans leurs préférences? Telle n'est pas l'opinion d'un grand nombre de citoyens également bien pensants. D'après eux le scrutin de liste et le scrutin d'arrondissement ne méritent ni tout le bien, ni tout le mal qu'on en dit, ni toute la confiance, ni toute la défiance qu'on leur accorde à droite ou à gauche, car ils ne réaliseront jamais complètement, ces deux modes, ni toutes les espérances des uns, ni toutes les craintes des autres.

Ne voit-on pas en effet, par les différents résultats prévus et comparés, que les conséquences de la lutte seront à peu près les mêmes pour chaque parti, quelle que soit l'étendue du champ de bataille électoral. Les monarchistes peuvent en prendre leur parti, les *monarchistes blancs* surtout, la victoire des républicains est chose *certaine*, quel que soit le mode de sectionnement adopté, et des députés actuels siégeant à droite, un bien petit nombre sera réélu et reviendra reprendre sa place sur les mêmes bancs. Mais d'où provient l'antipathie des uns et la sympathie des autres pour chacun des deux systêmes? Pourquoi la droite ne veut-elle plus du scrutin de liste, bien qu'il lui ait deux fois livré le gouvernement et le sort de la France, à deux époques mémorables, en 1849 et en 1871 ? Et de son côté quel motif a donc la gauche républicaine de se passionner si fort pour le *scrutin de liste* qui l'a toujours si mal traitée. Même motif de défiance et de confiance de la part des deux adversaires : *les derniers verdicts du scrutin de liste dans une trentaine de départements ont été presque unanimement favorables aux républicains et défavorables aux monarchistes.* Et les républicains se sont dit : maintenons le scrutin de liste qui paraît venir à nous et vouloir nous favoriser; maintenons le scrutin de liste que nous avons créés jadis comme plus conforme à l'intérêt général du pays c'est-à-dire comme plus inaccessible aux influences aristocratiques, à la pression administrative, aux tentatives de corruption électorale, aux promesses d'emplois, de protections et de subventions. Et les seconds (les monarchistes) se sont dit au contraire : Puisque la chance tourne contre nous et que nos *bons* électeurs

ruraux nous abandonnent et se laissent entrainer
par les populations plus instruites et plus éclairées,
supprimons le scrutin de liste, retrécissons considé-
rablement le champ de bataille, essayons la
représentation par arrondissement; peut-être nous
sera-t-elle plus favorable. Si nous n'y gagnons pas,
du moins nous n'y perdrons rien. Ainsi placé au
milieu d'un cercle d'électeurs infiniment plus res-
treint, le piédestal sur lequel viendra se poser
l'importante personnalité de chacun de nous, lui
permettra de paraître et de dominer davantage, au
grand détriment de chaque candidat de la démocratie, laquelle, *vue en détail*, n'est ni aussi riche, ni
aussi brillante, ni aussi influente, ni aussi fascinante
que l'aristocratie, sa rivale toujours vaincue et
toujours prête à recommencer.

Et les uns et les autres semblent oublier que
dans les deux cas ils ont affaire au même souverain,
au même maître (*au Suffrage universel*), toujours
jaloux de ses droits et de sa toute puissance, toujours défendu par la *gauche* et toujours combattu par
la *droite*,—les républicains fermant les yeux pour ne
point voir et ne point compter les nombreux
départements (plus de 40) où le scrutin de liste les
a complètement privés de représentants locaux, et
peut encore le faire pour la troisième et pour la qua-
trième fois, — et les monarchistes blancs se faisant
trop complète illusion sur les chances meilleures que
le scrutin par arrondissement pourrait leur octroyer,

alors que ce dernier mode, doit, très certainement les leur faire aussi rares que le scrutin de liste si inconsidérément abandonné par eux. Ils le voient bien d'ailleurs, le temps des Croque-mitaines et des Ramponneaux du péril social s'éloignent de plus en plus, et bientôt les élus du jésuitisme, c'est-à-dire de l'ignorance, de la ruse, du mensonge, de la calomnie et de la fourberie, ne paraîtront plus guère dans nos assemblées politiques qu'à l'état d'imperceptible minorité.

Donc, que l'Assemblée adopte le scrutin de liste ou qu'elle le rejette, peu importe à la République et aux républicains ; la victoire n'en est pas moins acquise à la démocratie et à la République, sa forme de gouvernement la plus naturelle et la plus indispensable. Et ce résultat si désirable et généralement désiré, la présente brochure a pour but de l'annoncer, de l'affirmer et de le démontrer en gros et en détail, surtout par les chiffres dont la logique est irréfutable, en faisant ressortir que quand même le scrutin de liste disparaîtrait, il n'en résulterait aucun dommage sérieux pour le bien public, les élections pratiquées d'après le scrutin d'arrondissement devant également donner naissance à une chambre dont la majorité serait aux deux tiers républicaine.

Il résulte en effet de la comparaison des deux tableaux publiés ci-après, par arrondissement et par département,

1° SCRUTIN DE LISTE	2° SCRUTIN UNINOMINAL
Succès certain... 236	Succès certain... 185
Succès probable 111 ⎱ 513	Succès probable. 176 ⎱ 513
Succès douteux. 166 ⎰	Succès douteux. 150 ⎰ (1)

que le résultat du vote dans les deux cas, serait le même à très-peu de chose près ;

Et qu'en ajoutant aux *succès certains* la moitié au moins des *succès probables*, ce qui est plutôt une atténuation qu'une exagération de la vérité, on obtiendrait l'élection d'une Chambre législative ainsi composée :

1° Scrutin de liste : nombre de députés à élire, 513. Majorité républicaine $236 + 55 = 291$, soit $\frac{291}{503}$ ou $\frac{29}{51}$;

2° Scrutin uninominal : nombre de députés à élire, 513. Majorité républicaine $185 + 88 = 273$, soit $\frac{273}{531}$ ou $\frac{27}{51}$. Différence au profit de scrutin de liste $\frac{2}{51}$ ou $\frac{1}{25}$ au plus.

L'intérêt général peut donc et doit donc être uniquement pris en considération par nos députés, *surtout par les députés républicains*, dans le débat

---

(1) Il semblerait naturel que le sectionnement par arrondissement produisit un plus grand nombre de députés.

Il n'en n'est rien. Malgré l'insuffisance de population de 16 arrondissements à qui il est accordé un surcroit *irrégulier* de 16 députés, il y a encore assez de *déperdition d'excédants*, par suite de la subdivision des 86 départements, pour que le nombre des députés du 2ᵉ mode reste inférieur au nombre de députés du 1ᵉʳ mode, (scrutin de liste départemental).

qui va s'élever au sujet de ces deux modes de sectionnement, lesquels on peut bien le dire incidemment, ne présentent ni l'un ni l'autre, au corps électoral, aucun grand avantage qui ne soit immédiatement balancé par un grand inconvénient, ainsi que la preuve va en être faite sur le champ.

Avantages et inconvénients inhérents à chaque mode

—

1° SCRUTIN DE LISTE

Le scrutin de liste a pour avantage :

De faire presque complètement disparaître les questions de *personnes*, de généraliser et de *nationaliser* davantage, les questions d'*intérêt*, en englobant le plus possible de territoire et de population dans la même circonscription électorale.

De rendre presque illusoire toute tentative de pression administrative et de corruption électorale, par le trop grand nombre de communes qu'il s'agirait de gagner et de satisfaire, et par la trop grande quantité d'emplois, de subventions et de protections qu'il s'agirait de promettre et d'accorder aux avides et aux exigeants du parti.

De permettre aux délégations cantonnales instituées dans ce but, de donner à chaque département, *à la France*, une représentation mieux calculée et mieux répartie de tous les besoins et de tous les droits et *réellement faite à son image*, étant donné un nombre suffisant de siéges à distribuer et de *spécialités* à y colloquer indispensablement.

Avec le scrutin de liste impossibilité absolue pour la masse des fonctionnaires, et pour quiconque parmi les classes dirigeantes, de *diffamer efficacement* toute une liste de candidats, triste besogne que leur permettrait de faire sans difficulté le scrutin uninominal.

Avec le scrutin de liste, impossibilité absolue pour chaque député de soigner ses intérêts particuliers aux dépens de l'intérêt général, et de placer sa *réélection* sous la protection du préfet et de ses agents, car il en coûterait infiniment trop cher au gouvernement de se procurer à ce prix des soutiens pour sa mauvaise politique, l'acquisition de députés ministériels devant lui coûter dans les conditions sus énoncées de *population* et *d'étendue*, la moitié au moins de ce que le départemeut pourrait produire en impôts.

Le scrutin départemental dit *scrutin de liste*, barre donc absolument le chemin à la corruption électorale, à la diffamation et à l'intimidation, et à tout ce qui est contraire à l'intérêt général.

Il a pour inconvénient :

D'étendre démesurément chaque circonscription électorale et de noyer plus ou moins complétement le suffrage urbain dans le suffrage rural, ce qui est un grand mal, puisque le premier est relativement plus éclairé que le second,

De favoriser l'esprit de coalition et de rendre possible aux ennemis de la République et de la Démocratie de s'*unir* et de s'associer contre elle au moyen d'un arrangement ou compromis, ce que le scrutin uninominal leur interdit d'une manière absolue,

D'intéresser beaucoup moins le corps électoral que le scrutin uninominal en annihilant complètement les questions locales et le dévouement aux personnes connues, et de provoquer ainsi un nombre d'*abstentions* beaucoup trop grand,

De jouer partout à la fois, dans chaque département, le *tout ou rien*, le va-tout électoral, ce qui ne peut s'appeler habileté, sagesse ou prudence, vu que cela ressemble trop à un acte de folie et de désespoir, aux yeux surtout des masses populaires qui résonnent tout autrement, surtout lorsqu'elles prétendent *qu'il vaut mieux risquer un pain que toute la fournée*,

De laisser pendant toute la durée d'une législature, plusieurs départements (souvent dans la même région) sans députés *opposants*, supprimant ainsi complètement la parole à la *minorité* quelle qu'elle soit, ce qui est également un grand mal, puisque de la comparaison des votes contraires de *droite* et de *gauche*, doit nécessairement jaillir la lumière au profit des électeurs, la différence de conduite des députés à l'égard des intérêts populaires devenant ainsi très facile à apprécier. *

Rarement les quatre ou cinq arrondissements qui composent un département, éliraient des députés appartanant à la même opinion, ce qui arrivera toujours au moyen de scrutin de liste départemental, à moins que les deux listes ne se fassent équilibre et ne s'entremêlent en réunissant à peu près le même nombre de suffrages.

SCRUTIN UNINOMINAL
OU VOTE PAR ARRONDISSEMENT

Le scrutin d'arrondissement à pour *avantage* de de faire disparaître la plupart des inconvénients du scrutin de liste ; mais il a aussi pour inconvénient d'en faire disparaître également tous les avantages.

Il a pour avantage d'intéresser beaucoup plus le corps électoral, la lutte ayant lieu plutôt entre les amis et les adversaires personnels des deux candidats, qu'entre l'intérêt particulier et l'intérêt général. Passionnant extraordinairement le débat, il a pour lui de rendre les abstentions très peu nombreuses.

De ne jamais exposer la démocratie à une défaite totale, attendu qu'elle possède partout, dans chaque département, des arrondissements où la victoire lui est acquise sans contestation possible.

Il a pour *inconvénients* déjà exprimés de favoriser la pression administrative et la candidature officielle, la corruption électorale, les influences de clocher, les gros bonnets et généralement tout ce qui vit de priviléges, tout ce qui est contraire à l'intéret général, à la République et à la démocratie, en substituant la compétition des personnages importants, à la compétition des grands intérêts.

De faire *la part du feu*, en *localisant* ce que les uns appellent *le bien*, et ce que les autres appellent *le mal*, chaque arrondissement travaillant pour son propre compte, ne recevant aucun appui extérieur, et n'ayant à souffrir ni à bénéficier de l'exubérance de son voisin ou de ses voisins, en nature de *libéralisme*, *d'inconscience* ou de *Jésuitisme*.

CHANCES DIVERSES DE SUCCÈS

DES

CANDIDATURES RÉPUBLICAINES

DANS LE CAS OU L'ASSEMBLÉE DE VERSAILLES DONNERAIT LA
PRÉFÉRENCE AU SCRUTIN DE LISTE DÉPARTEMENTAL

*NOTA. — Le nombre des députés est calculé à raison de 1 pour
75,000 habitants; un excédant de 37,500 donnant droit à un
député de plus.*

NOM du DÉPARTEMENT	NOMS des arrondissements qui le composent	POPULATION départementale	Députés à élire	SUCCÈS ou CHANCE
Ain..................	Bourg, Belley, Gex, Nantua, Trévoux..	371.643	5	probable.
Aisne.............	Laon, Château-Thierry, Saint-Quentin, Soissons, Vervins.	565.025	8	certain.
Allier.............	Moulins, Gannat, La Palisse, Montluçon.	376.164	5	probable.
Alpes (Basses).	Digne, Barcelonnette, Castellane, Forcalquier, Sisteron.	143 000	2	douteux.
Alpes (Hautes)	Gap, Briançon, Embrun..................	122.117	2	douteux.
Alpes-Mariti .	Nice, Grasse, Puget-Thénier	198.818	3	certain.
Ardèche.........	Privas, Largentière, Tournon...........	387.194	5	certain.
Ardennes.......	Mézières, Rethel, Rocroy, Sedan, Vouziers.............	326.864	4	probable.
Ariège..........	Foix, Pamiers, St-Girons............	250.436	3	douteux.
Aube............	Troyes, Arcis-sur-Aube, Bar-s.-Aube, Nogent-sur-S......	261.951	3	certain.

NOM du DÉPARTEMENT	NOMS des arrondissements qui le compose	POPULATION départementale	Députés à élire	SUCCÈS ou CHANCES
Aude.............	Carcassonne, Castelnaudary, Limoux, Narbonne..	248.226	3	certain.
Aveyron.........	Rodez, Espalion, Milhau, St-Affrique, Villefranche......	400.070	5	douteux.
Belfort..........	Arrondissement de Belfort...........	50.000	1	probable.
B.-du-Rhône...	Marseille, Aix, Arles	507.000	7	certain.
Calvados...	Caen, Bayeux, Falaise, Lisieux, Pont-l'Évêque, Vire.....	480.992	6	douteux.
Cantal..........	Aurillac, Mauriac, Murat, Saint-Flour.	240.523	3	douteux.
Charente	Angoulème, Barbezieux, Cognac, Confolens, Ruffec......	438.218	5	douteux.
Charente-Inf..	La Rochelle, Jonzac, Marennes, Saintes, St-Jean-d'Angely...	479.559	6	douteux.
Cher	Bourges, St-Amand, Sancerre...........	352.613	5	probable.
Corrèze.........	Tulle, Brives, Ussel..	310.843	4	certain.
Corse...........	Ajaccio, Bastia Calvi, Corté, Sartène.....	259.861	4	douteux.
Côtes-d'Or.....	Dijon, Beaune, Semur Chatillon sur Seine	582.761	8	certain.
Côtes du Nord.	St Brieuc, Dinan, Guingamp, Lannion Loudéac..........	641.260	9	douteux.
Creuse..........	Guéret, Aubusson, Boussac, Bourganeuf.............	274.057	4	probable.
Dordogne......	Périgueux, Bergerac, Nontron, Ribérac, Sarlat	502.673	7	douteux.
Doubs..........	Besançon, Baume, Montbelliard Pontarlier.............	294.072	4	certain.
Drôme	Valence, Die, Montelimart, Nyons.....	324.234	4	certain.

NOM du DÉPARTEMENT	NOMS des arrondissements qui le composent	POPULATION départementale	Députés à élire	SUCCÈS ou CHANCE
Eure	Evreux, Les Andelys Bernay, Louviers, Pont-Audemer	394.467	5	douteux.
Eure-et-Loir ..	Chartres, Chateaudun, Dreux, Nogent-le Routrou	290.753	4	probable.
Finistère.......	Quimper, Brest, Chateaulin, Morlaix, Qumperlé	662.850	9	probable.
Gard........	Nimes, Alais, Uzès, le Vigan	429.747	6	douteux.
Garonne (Haute).	Toulouse, Muret, St-Gaudens, Villefranche..............	493.777	7	probable.
Gers.............	Auch, Condom, Lectoure, Lombez, Mirande.............	299.692	4	douteux.
Gironde	Bordeaux, Blaye, Bazas, Libourne, Lesparre, La Réole...	701.855	9	certain.
Hérault.........	Montpellier, Beziers, Lodève, St-Pons ...	427.245	6	certain.
Ille-et-Villaine	Rennes, Fougère-Mnotfort, Redon, St-Malo, Vitré........	592.609	8	douteux.
Indre........	Chateauroux, le Blanc, Issoudun, La Châtre...........	277.860	4	douteux.
Indre-et-Loire	Tours, Chinon, Loches..............	325 193	4	probable
Isère	Grenoble, la Tour du Pin, Saint-Marcelin, Vienne.......	581.386	8	certain.
Jura...........	Lons-le-Saulnier. Dôle, Poligny, St-Claude...........	298.477	4	probable.
Landes.........	Mont-de-Marsan..... Dax, St-Sever......	306 693	4	probable.
Loire-et-Cher.	Blois, Romorantin. Vendôme	275.757	4	certain

NOM du DÉPARTEMENT	NOMS des arrondissements qui le composent	POPULATION départementale	Députés à élire	SUCCÈS ou CHANCE
Loire............	St-Etienne, Montbrison, Roanne.....	537.108	7	certain.
Loire (Haute)..	Le Puy, Brioude, Yssingeaux..........	305.321	4	certain.
Loire-Infér.....	Nantes, Ancenis, Châteaubriant, Paimbœuf, St-Nazaire............	598.598	8	douteux.
Loiret..........	Orléans, Gien, Montargis, Pithiviers..	557.110	5	douteux.
Lot..............	Cahors, Figeac, Gourdon..........	288.919	4	douteux.
Lot-et-Garon..	Agen, Marmande, Nérac, Villeneuve.,	327.962	4	certain.
Lozère..........	Mende, Florac, Marvejols........	157.263	2	douteux.
Maine-et-Loire	Angers, Baugé, Cholet, Saumur, Segré	532 525	7	probable.
Manche	St-Lô, Avranches, Cherbourg, Coutances, Morlaix, Valognes..............	573.899	8	probable.
Marne..........	Chalons, Epernay, Reims, St-Menéhould..........	390.809	5	certain.
Marne (Haute)	Chaumont, Longres, Vassy............	260.096	3	certain.
Mayenne........	Laval, Château-Gontier, Mayenne,....	367.855	5	douteux.
Meurthe-et-Moselle.	Nancy, Briey, Luneville, Toul........	428.587	6	certain.
Meuse..........	Bar-le-duc, Commercy Montmédy, Verdun.	301.651	4	certain.
Morbihan......	Vannes, Lorient, Napoléonville, Ploermeil..........	501.084	7	douteux
Nièvre..........	Nevers, Château Chinon, Clamecy, Cosne..........	342.773	5	probable.

NOM du DÉPARTEMENT	NOMS des arrondissements qui le compose	POPULATION départementale	Députés à élire	SUCCÈS ou CHANCE
Nord............,..	Lille, Avesne, Cambrai, Douai, Dunkerque Hazebrouck Valenciennes......	1.392.041	19	certain.
Oise...............	Beauvais, Clermont. Compiègne, Senlis.	401.274	5	douteux.
Orne...............	Alençon, Argentan, Domfront, Mortagne..............	414.618	6	douteux.
Pas-de-Calais.	Arras, Bethune, Boulogne, Montreuil, St-Omer, St-Pol...	749.777	10	douteux.
Puy-de-Dôme.	Clermont-Ferrand, Ambert. Issoire, Riom, Thiers......	571.690	8	certain.
Pyrénées (B.).	Pau, Bayonne, Mauléon, Oloron, Orthez.............	435.486	6	douteux.
Pyrénées (H.).	Tardes, Argelès, Bagnères-de-Bigorre.	240.252	3	deuteux.
Pyrénées-Orientales..	Perpignan, Céret, Prades.............	189.490	3	certain.
Rhône............	Lyon, Villefranche..	678.816	9	certain.
Saône (Haute).	Vesoul, Gray, Lure..	317.766	4	certain.
Saône-et-Loire	Macon, Autun, Châlon Charolles.........	600.006	8	certain.
Sarthe..........	Le Mans, la Flèche Mamers, St-Calais.	463.619	6	probable.
Savoie...........	Chambéry, Albertville, Mouthiers, St-Jean de Maurienne...........	271.663	3	probable.
Savoie (Haute)	Annecy, Bonneville, St-Julien, Thonon..	273.268	3	probable.
Seine...........	Paris, Sceaux, St Denis	2.150.916	29	certain
Seine-et-Marne.	Melun, Coulommiers Fontainebleau Meaux, Provins....	354.400	5	certain.

NOM du DÉPARTEMENT	NOMS des arrondissements qui le compose	POPULATION départementale	Députés à élire	SUCCÈS ou CHANCES
Seine-et-Oise..	Versailles, Corbeil, Etampes, Mantes, Pontoise, Rambouillet	533.727	7	certain.
Seine-Infér....	Rouen, Dieppe, le Hâvre, Neufchatel, Yvetot.........	792.768	11	douteux.
Sèvres (Deux).	Niort, Bressuire, Melle, Parthenay..	333.155	4	douteux.
Somme	Amiens, Abbeville, Doullens, Montdidier, Péronne......	572 640	8	probable.
Tarn.............	Alby, Castres, Moissac, Lavaur, Gaillac...............	553 653	5	probable.
Tarn-et-Garonne.....	Montauban, Castel Sarrasin, Moissac..	228.029	3	probable.
Var.............	Draguignan, Toulon, Brignoles.........	308.550	4	certain.
Vaucluse	Avignon, Apt, Carpentras, Orange...	266.091	4	certain.
Vienne	Napoléon - Vendée , Fontenay, Les Sables	404.473	5	douteux.
Vienne..........	Poitiers, Châtellerault, Civray Loudun, Montmorillon	324.527	4	probable.
Vienne (Hte)..	Limoges, Bellac, Rochechouart, St-Yrieix	526.037	4	certain.
Vosges..........	Epinal, Mirecourt, Neufchâteau, St-Dié, Remiremont..	418.990	6	certain.
Yonne..........	Auxerre, Avallon, Joigny, Sens, Tonnerre............	273.589	4	certain.

NOM de la Partie du Monde	NOM de l'arrondiessement Ile ou PROVINCE	POPULATION du CHEF-LIEU	POPULATION TOTALE de l'arrondissement ou de l'île	Nombre de Députés	SUCCÈS ou CHANCES
Afrique	Alger..............	59.140	948.424	3	certain.
	Constantine ...	32.000	1.340.000	3	—
	Oran.............	33.000	632 900	3	—
	La Réunion.....	50.000	183.000	2	douteux.
	Le Sénégal......	20.000	162 300	2	probable.
Amérique.	La Guadeloupe	25.000	140.000	2	certain,
	La Guyane......	8.000	30.000	1	douteux.
	La Martinique.	21.000	137.000	2	certain.
Asie	Hindoustan..,..	50.000	126.000	2	douteux.
	Saïgon..........	80.000	502.000	2	—
Océanie	N.-Calédonie .. Marquises et Société....	» »	70.000	1	douteux.

Du détail précédent, c'est-à-dire, du scrutin par département, il résulte :

Députés

1° Que 2 départements, ayant une population inférieure à 112,500 habitants (75,000 + 37,000) n'élisent *qu'un député* chacun, ce qui fait... 2

2° Que 9 départements, avec une population variant de 112,500 à 187,500, *élisent 2 députés* chacun, ce qui fait............. 18

3° Que 14 départements, avec une population variant de 187,500 à 262,500 habitants, *élisent 3 députés* chacun, ce qui fait........ 42

4° Que 24 départements, avec une population variant de 262,500 à 337,500 habitants, *élisent 4 députés* chacun, ce qui fait........   96

5° Que 15 départements, avec une population variant de 337,500 à 412,500 habitants, *élisent 5 députés* chacun, ce qui fait........   75

6° Que 9 départements, avec une population variant de 412,500 à 487,500 habitants, *élisent 6 députés* chacun, ce qui fait........   54

7° Que 7 départements, avec une population variant de 487,500 à 562,500 habitants, *élisent 7 députés* chacun, ce qui fait........   49

8° Que 9 départements, avec une population variant de 562,500 à 637,500 habitants, *élisent 8 députés* chacun, ce qui fait........   72

9° Que 4 départements, avec une population variant de 637,500 à 712,500 habitants, *élisent 9 députés* chacun, ce qui fait........   36

10° Que 1 département (le Pas-de-Calais), ayant une population de 749,000 habitants, *élit 10 députés*.....................   10

11° Que 1 département (la Seine Inférieure), ayant une population de 792,000, *élit 11 députés*........   11

12° Que 1 département (le Nord), ayant une population de 1.392.000 habitants, *élit* 19 *députés*.................................   19

13° Que 1 département (la Seine), ayant

une population de 2.150.000 habitants, *élit*
29 *députés*................................... 29

Total des députés à élire pour les 97 départements, colonies comprises........... 513

CHANCES PROBABLES

DES

CANDIDATS RÉPUBLICAINS A LA CHAMBRE DES DÉPUTÉS

DANS LE CAS OU L'ASSEMBLÉE DE VERSAILLES
FERAIT DE CHAQUE ARRONDISSEMENT UNE CIRCONSCRIPTION
ÉLECTORALE

AUQUEL CAS LE SCRUTIN SERAIT GÉNÉRALEMENT
UNINOMINAL

NOMS des ARRONDISSEMENTS	Nombre des Cantons	POPULATION du CHEF-LIEU	POPULATION de l'arrondissement	Nombre des Députés	SUCCÈS ou CHANCES
1. Abbeville	11	19.385	142.000	2	probable.
2. Affrique (St)...	6	7.046	58.594	1	douteux.
3. AGEN............	9	18.222	80.000	1	certain.
4. Aix	10	28.152	114.645	2	—
5. Ajaccio	12	14.558	63.788	1	douteux
6. Alais	10	19.964	123.294	2	—
7. Albertville.....	4	4.430	35.408	1	probable.
8. ALBI........ ...	8	16.591	91.120	1	—
9. ALENÇON	6	16.115	70.788	1	douteux.
10. Amand (St)....	11	8.757	119.000	2	—
11. Ambert........	8	7.510	83.137	1	douteux.
12. AMIENS	13	63.063	194.063	3	certain.
13. Ancenis	5	4.148	50.889	1	douteux.
14. Andelys (les)..	6	5.161	62.000	1	—
15. ANGERS	9	54.791	157.148	2	certain.
16. ANGOULÊME ...	9	25.115	137.990	2	probable.
17. ANNECY........	7	13.564	87.572	1	—
18. Apt.............	5	5.940	54.000	1	—
19. Argentan	11	5.401	96.000	1	douteux.
20. Arles......... ..	8	26.337	92.000	1	certain.
21. ARRAS..........	10	25.749	173.000	2	probable.
22. Arcis-s.-Aube.	4	2.784	34.000	1	—
23. Aubusson	10	6.625	100.734	1	—
24 AUCH...	6	12.500	59.000	1	—
25. Autun.....	8	12.389	117.156	2	—
26. AURILLAC	8	10.998	92.666	1	—

NOMS des ARRONDISSEMENTS	Nombre des Cantons	POPULATION du CHEF-LIEU	POPULATION de l'arrondissement	Nombre de Députés	SUCCÈS ou CHANCES
27. AUXERRE........	12	15.497	118.000	2	probable.
28. Avallon.........	5	6.070	45.200	1	—
29. Avesnes........	10	3.757	165.450	2	douteux.
30. AVIGNON	5	36.427	84.000	1	certain.
31. Avranches	9	8.642	112.000	1	douteux.
32. Bagnères.......	10	9.433	90.175	1	—
33. Bar s. S.........	5	2.920	49.000	1	probable
34. Bar s. A........	4	4.809	43.338	1	—
35. Barcelonnette.	4	2.000	16 000	1	—
36. Barbezieux	6	3.881	54.000	1	—
37. Bastia..........	20	21.525	77.000	1	douteux.
38. Baugé..........	6	3.562	78.595	1	probable.
39. Baume..........	7	2.562	65 970	1	—
40. Bayeux.........	6	9.128	77.000	1	douteux.
41. Bayonne.......	8	26.335	97.184	1	probable.
42. Bazas	7	4.534	56.381	1	douteux.
43. Baune..........	10	10.907	122.090	2	certain.
44. BEAUVAIS	12	15.309	126 000	2	probable.
45. Belfort.........	9	8.400	50.000	1	certain.
46. Bellac..........	8	3.674	80.625	1	douteux.
47. Belley..........	9	4.624	81.000	1	—
48. Bergerac	13	12.024	115.100	2	—
49. Bernay	6	7.500	73 000	1	—
50. BESANÇON	8	46.964	114.000	2	certain.
51. Béthune........	8	8 178	163.000	2	douteux.
52. Beziers ......,.	12	27.722	150.000	2	certain.
53. Blanc (le)	6	0.956	60.110	1	douteux.
54. Blaye..........	4	4.761	58.549	1	douteux.
55. BLOIS..........	10	20.608	140.000	2	certain.
56. Bonneville.....	9	2.284	70.000	1	probable.
57. BORDEAUX......	18	194.000	374.000	5	certain.
58. Boulogne	6	40.251	141.000	2	—
59. BOURG..........	10	13.773	124.000	2	probable.
60. Bourganeuf...	4	3.501	41.000	1	douteux.
61. BOURGES........	10	30.119	135.000	2	certain.
62. Boussac	4	1.062	37.707	1	douteux.
63. Bressuire	6	2.820	75 000	1	—
64. Brest...........	12	80 000	230.000	3	certain.
65. Briançon	5	3 579	27 000	1	douteux.

NOMS des ARRONDISSEMENTS	Nombre des Cantons	POPULATION du CHEF-LIEU	POPULATION de l'arrondissement	Nombre de Députés	SUCCÈS ou CHANCES
66. Brieuc (St)	12	16.000	183.000	2	probable.
67. Brignolles	8	5.945	69.000	2	—
68. Briey	5	1.876	64.000	1	probable.
69. Brioude	8	4.932	81.000	1	douteux.
70. Caen	9	41.564	131.000	2	probable.
71. CAHORS	12	24.173	117.000	1	douteux.
72. Calais (Saint)	6	3.648	65.000	1	—
73. Calvi	6	1.884	25.000	1	—
74. Cambrai	7	22.507	194.000	3	probable.
75. Carpentras	5	10.843	55.400	1	—
76. CARCASSONNE	12	22.175	93.000	1	certain.
77. Castellane	6	1.842	20.990	1	douteux.
78. Castelnaudary	5	9.075	49.000	1	probable.
79. Castelsarrasin	7	6.835	68.000	1	douteux.
80. Castres	14	21.357	140.000	2	probable.
81. Céret	4	3.737	43.500	1	—
82. CHALONS s. M.	5	17.692	59.000	1	—
83. Châlons s. S.	10	19.982	141.000	2	—
84. CHAMBÉRY	15	18.219	145.000	2	—
85. CHARTRES	8	19.442	113.500	2	certain.
86. Charolles	13	5.295	152.000	2	probable.
87. Châteaubriant	4	4.834	77.000	1	douteux.
88. Château (Chinon)	5	2.713	67.000	1	—
89. Chateaudun	5	6.784	65.000	1	certain.
90. Châteaulin	7	8.250	108.000	1	douteux.
91. CHATEAUROUX	8	17.161	106.000	1	probable.
92. Chatellerault	5	14.278	60.500	1	certain.
93. Château Thierry	5	6.519	62.000	1	probable.
94. Châtillon	6	4.880	48.692	1	—
95. CHAUMONT	10	8.285	85.000	1	—
96. Cherbourg	5	37.215	93.000	1	certain.
97. Cholet	7	13.560	129.000	2	douteux.
98. Chinon	7	6.895	89.000	1	—
99. Civray	5	2.284	49.000	1	—
100. Clamecy	6	5.616	74.000	1	probable.
101. Claude (St)	5	6.809	52.000	1	—
102. CLERMONT FER	14	37.600	172.000	2	certain.
103. Clermont (Oise)	8	5.743	88.941	1	douteux.
104. Cognac	4	9.412	65.000	1	probable.

NOMS des ARRONDISSEMENTS	Nombre des Cantons	POPULATION du CHEF-LIEU	POPULATION de l'arrondissement	Nombre de Députés	SUCCÈS ou CHANCES
105. Commercy.....	7	4.099	79.000	1	probable.
106. Compiègne....	8	12.150	96.000	1	—
197. Condom........	6	8.140	70.000	1	douteux.
108. Confolens......	6	2.717	66.000	1	—
109. Corbeil.........	4	5.541	70.457	1	probable.
110. Corté..........	16	6.094	48.692	1	douteux.
111. Cosne	6	6.575	77.000	1	—
112. Coulommiers .	4	4.445	55.000	1	—
113. Coutances ...	10	8.159	120.000	2	—
114. Dax........ ...	8	9.460	109.102	1	probable.
115. Denis (St).. ...	4	26.117	178.259	2	certain.
116. Die.............	9	3.762	62.312	1	probable.
117. Dié (St)....	9	10.472	118.527	2	—
118. Dieppe...	8	19.949	112.313	1	—
119. Digne	9	7.092	49.025	1	—
120. Dijon	14	39.193	147.000	2	certain.
121. Dinan	10	8.019	120.000	2	douteux.
122. Dôle	9	11.093	74.116	1	probable.
123. Douai ....:.....	6	24.105	115.065	2	—
124. Domfront.. ...	8	4.886	134.476	2	douteux.
125. Doullens	4	4.706	59.953	1	—
126. Draguignan..	11	9.819	88.736	1	certain.
127. Dreux........ ...	7	7.237	68.760	1	probable.
128. Dunkerque	7	33.085	113.184	2	—
129. Embrun	5	4.185	30.312	1	probable.
130. Epernay........	9	11.704	96.978	1	—
131. Epinal	6	11.872	98.931	1	certain.
132. Etampes.... ...	4	8.228	41.317	1	—
133. Etienne (St)...	11	96.620	253.524	3	—
134. Espalion........	9	4.530	64.264	1	douteux.
135. Evreux..........	11	12.320	116.000	2	probable.
136. Falaise.........	5	8.113	56.384	1	douteux.
137. Figeac	8	7.610	91.560	1	—
138. Flèche (la).....	7	9.292	99.690	1	probable.
139. Florac..	7	2.181	37.848	1	douteux.
140. Flour (St-)	6	5.248	54.708	1	probable.
141. Foix	8	6.746	85.480	1	—
142. Fontainebleau	7	12.870	80.753	1	douteux.
143. Fontenay.......	9	8.062	138.000	2	—

NOMS des ARRONDISSEMENTS	Nombre des Cantons	POPULATION du CHEF-LIEU	POPULATION de l'arrondissement	Nombre des Députés	SUCCÈS ou CHANCES
144. Forcalquier ...	6	2.841	35.449	1	douteux.
145. Fougères.......	6	9 580	84.069	1	—
146. Gaillac..........	8	7.870	68.487	1	—
147. Gannat	5	5.528	65.895	1	probable.
148. Gap	14	8.165	64.064	1	—
149. Gaudens (St-).	11	5.466	136 000	2	douteux.
150. Gex	3	6.717	21.454	1	probable.
151. Gien	5	4.745	54.616	1	douteux.
152. Girons (St-)...	6	2.642	86.103	1	probable.
153. Grasse	8	12.241	69.892	1	certain.
154. Gray....	8	6.761	79.736	1	probable.
155. Grenoble.......	20	40 484	220.503	3	certain.
156. Gourdon........	9	5.804	80.905	1	douteux.
157. GUÉRET........	7	5 126	94.635	1	certain.
158. Guingamp	10	2.077	128.190	1	douteux.
159. Havre (Le).....	10	74.900	192.000	3	certain.
160. Hazebrouck..	7	9 017	104.689	1	probable.
161. Issoire	9	6.294	93.740	1	douteux.
162. Issoudun	4	14.261	52.592	1	probable.
163. Yrieix (St-)....	4	7 826	44.181	1	—
164 Yssingeaux ..	6	8.393	88 996	1	
165. Yvetot..........	10	8.873	132.000	2	douteux.
166. Jean d'Angely.	7	7.023	83.930	1	—
167. Jean de Maurienne....	6	30.088	53.144	1	probable.
168. Joigny	9	6.235	98.191	1	—
169. Jonzac..........	7	3.141	82.632	1	douteux.
172. Julien (St)....	6	1.410	54 350	1	probable.
170. Langres	10	8.320	97.261	1	certain.
171. Lannion	7	6.882	118.097	2	douteux.
172. Lons le Saulnier	11	9 943	101.295	1	certain.
173. LAON..	11	10.268	168.000	2	—
174 Largentière ...	10	3.144	108.125	2	probable
175. Laval..........	9	27.187	130.355	1	—
176. Lavaur.	5	3.376	52.127	1	—
177. Lectoure........	5	6.086	47.000	1	douteux.
178. Lesparre	4	3.726	42.757	1	—
179. Libourne.......	9	14.635	117.697	2	probable.
180. LILLE....	16	154.747	523.231	7	certain.
181. Limoges.......	10	53 022	151 000	2	—

NOMS des ARRONDISSEMENTS	Nombre des Cantons	POPULATION du CHEF-LIEU	POPULATION de l'arrondissement	Nombre des Députés	SUCCÈS ou CHANCES
182. Limoux.........	8	6.770	67.191	1	certain.
183. Lisieux	6	12.607	69.064	1	douteux.
184. Loches	6	5.154	65.108	1	—
185. Lodève..........	5	10.511	56.382	1	probable.
186 Lombez.........	9	1.714	30.581	1	douteux.
187. Lorient	11	37.655	169.111	2	certain.
188. Loudéac	9	6.072	91.296	1	douteux.
189. Louhans.......	8	5.871	86.107	1	probable.
190. Louviers	5	11.707	97.000	1	—
191. Lunéville	6	15.184	84.393	1	certain.
192. Lure	10	5.747	135.000	2	probable.
193. Loudun	4	4.403	35.304	1	—
194. Lyon............	18	323.954	502.801	7	certain.
195. MACON	9	18.382	121.000	2	—
196. Malo (St-)	9	10.693	130.000	2	probable.
197. Mamers.........	10	5.830	122.000	2	douteux.
198 LE MANS........	10	45.230	177.000	2	certain.
199. Mantes	5	5.345	56.615	1	—
200. Marcelin (St-).	7	3.173	82.000	1	probable.
201. Marennes	6	4.426	53.000	1	certain.
202. Marmande	9	8.564	98.000	1	—
203. MARSEILLE	9	300.000	341.000	5	—
204. Marvejols	10	5.046	11.000	1	douteux.
205. Mauléon........	6	1.875	61.000	1	—
206. Mauriac.........	9	3.291	60.000	1	—
207. Mayenne	12	10.894	161.000	2	—
208. MELUN	6	10.408	66.000	1	probable.
209. MENDE	7	6.435	48.000	1	—
210. Menchould.....	3	4.326	34.000	1	—
211. MEZIÈRES.......	7	5.818	81.000	1	—
212. Mirande........	8	4.000	78.000	1	douteux.
213 Mirecourt......	6	5.735	60.000	1	probable.
214. Moissac	6	9.661	56.000	1	—
215. Montargis.. ...	7	8.103	81.700	1	—
216. Montauban.....	11	26.000	104.000	1	—
217. Montbelliard..	7	6.479	72.000	1	—
218. MONTBRISON...	9	6.475	139.000	2	—
219. Montdidier	5	4.326	67.000	1	douteux.
220. Mont de Marsan .	12	8.455	111.000	1	probable.

NOMS des ARRONDISSEMENTS	Nombre des Cantons	POPULATION du CHEF-LIEU	POPULATION de l'arrondissement	Nombre des Députés	SUCCÈS ou CHANCES
221. Montélimart...	6	11.000	70.000	1	certain.
222. Montfort........	5	2.280	61.000	1	douteux.
223. Montluçon	8	18.675	115.000	2	probable.
224. Montmédy	6	2.155	62.000	1	—
225. MONTPELLIER .	14	56.000	172.000	2	certain.
226. Morlaix	11	4.850	113.000	2	douteux.
227. Mortagne.......	8	2.443	71.000	1	—
228. Mortain........	10	14.046	143.102	2	probable.
229. MOULINS........	9	19.955	108.000	1	certain.
230. Moutiers........	4	1.956	57.265	1	probable.
231. Murat...........	3	2.666	53.000	1	douteux.
232. Muret...........	10	4.050	91.000	1	—
233. NANTES	17	111.956	267.903	4	certain.
234. Nantua	6	3.776	50.764	1	probable.
235. Narbonne	6	17.172	78.568	1	certain.
236. Napoléonville.	7	6.901	104.000	1	douteux.
237. Napoléon Vendée	10	8.710	151.000	2	—
238. Nazaire (St-) ..	11	18.896	155.021	2	probable.
239. Nérac..........	7	7.717	60.576	1	certain.
240. Neufchâteau...	5	5.793	58.596	1	probable.
241. Neufchâtel.....	8	5.616	81.141	1	douteux.
242. NEVERS	8	20.700	123.152	2	certain.
243. NICE	11	50.180	104.903	1	—
244. NIMES	40	60.240	159.795	2	—
245. NIORT..........	10	20.775	109.559	1	probable.
246. Nyons..........	4	3.611	34.467	1	—
247. Nogent le R...	4	7.110	43.965	1	—
248. Nogent s. S. ..	4	5.645	56.452	1	—
249. Nontron........	8	5.622	43.415	1	douteux.
250. Oloron	8	9.085	70.614	1	—
251. Omer (St-)......	7	21.869	115.175	2	probable.
252. Orange.........	7	10.622	74.842	1	certain.
253. ORLÉANS........	14	40.100	159.972	2	probable.
254. Orthez	7	6.627	74.139	1	douteux.
255. Paimbœuf......	5	5.194	57.680	1	—
256. Palisse (la).....	6	2.821	87.000	1	—
257. Pamiers........	6	7.877	78.855	1	probable.
258. PARIS..........	6	1.860.000	1.860.000	24	certain.
259. Parthenay.... .	8	4.844	73.137	1	douteux.

NOMS des ARRONDISSEMENTS	Nombre des Cantons	POPULATION du CHEF-LIEU	POPULATION de l'arrondissement	Nombre des Députés	SUCCÈS ou CHANCES
260. Périgueux	9	20.401	115.147	2	certain.
261. Péronne	8	4.262	109.710	1	probable.
262. Perpignan	7	25.264	96.458	1	certain.
263. Pithiviers	5	4.928	61.776	1	probable.
264. Ploermel	8	5.697	93.011	1	douteux.
265. Poitiers	10	31.034	115.515	2	certain.
266. Pol (St-)	6	3.557	81.699	1	douteux.
267. Poligny	7	5.392	71.649	1	probable.
268. Pons (St-)	5	6.214	47.737	1	douteux.
269. Pontartier	5	4.955	50.475	1	probable.
270. Pont-Audemer	8	6.182	77.402	1	douteux.
271. Pont-l'Evêque	5	2.880	59.101	1	—
272. Pontoise	7	6.287	108.957	1	certain.
273. Prades	10	7.204	124.745	2	probable.
274. Privas	5	4.945	50.473	1	certain.
275. Provins	5	7.596	56.263	1	probable.
276. Puget-Théniers	6	1.289	24.015	1	—
277. Le Puy	14	19.552	142 375	2	—
278. St-Quentin	7	32.690	142.270	2	certain.
279. Quimper	9	12.532	130.673	2	douteux.
280. Quimperlé	5	6.863	49.547	1	—
281. Rambouillet	6	3.971	67.556	1	probable.
822. Redon	7	6.064	88.026	1	douteux.
283. Rennes	10	49.231	150.211	2	certain.
284. Remiremont	4	6.074	73.674	1	—
285. Réole (la)	6	4.244	52.243	1	douteux.
286. Reims	10	60.634	151.408	2	certain.
287. Réthel	6	7.480	64 595	1	probable.
288. Ribérac	7	3.857	75.195	1	douteux.
289. Riom	11	10.614	146.206	2	—
290. Roanne	10	19.354	149.772	2	certain.
291. Rocroy	5	2.998	51.617	1	probable.
292. Rochefort	5	30.151	102.593	1	certain.
293. La Rochelle	7	18.720	52.000	1	—
294. Rochechouart	5	4.261	50.529	1	douteux.
295. Rodez	11	12.037	108.735	1	probable.
296. Romorantin	6	7.867	55.058	1	—
297. Ruffec	4	3.175	54.564	1	douteux.
298. Sables (les)	11	7.332	114.047	2	—

NOMS des ARRONDISSEMENTS	Nombre des Cantons	POPULATION du CHEF-LIEU	POPULATION de l'arrondissement	Nombre des Députés	SUCCÈS ou CHANCES
299. Saintes.........	8	11.578	106.904	1	douteux.
300. Sarlat......... ...	10	6.824	114.451	2	—
301. Sartènes........	8	4.082	32.728	1	—
302. Sancerre........	8	3.707	81.873	1	—
303. Saumur........	7	13.693	95.449	1	certain.
304. Sedan	5	15.057	70.744	1	—
305. Segré....	5	2.871	65.109	1	douteux.
306. Senlis..........	4	5.879	89.715	1	probable.
307. Sceaux.........	7	2.578	147.283	2	certain.
308. Sens	4	11.909	67.920	1	probable.
309. Sever (St)......	6	4.980	86.674	1	—
310. Sisteron........	5	4.210	22.752	1	
311. Soissons.......	5	11.099	71.586	1	certain.
312. TARBES.........	6	15.658	108.452	1	probable.
213. Thiers...	11	16.137	76.721	1	—
214. Thonon........	6	5.950	62.658	1	—
215. Tonnerre.......	6	5.429	42.864	1	certain.
216. Trévoux........	5	2.863	95.638	1	douteux.
217. Toulon.,........	8	77.125	150.557	2	certain.
218. Toul........	5	7.410	90.967	1	—
319. Tours du Pin.	8	2.809	130.000	2	—
220. Tournon..... ..	11	5.509	154.505	2	probable.
321. TROYES...	9	34.078	98.256	1	certain.
322. Tulle..........	12	12.606	135.083	1	.
323. Ussel..........	7	4.029	62.915	1	probable.
324. Uzès...........	8	5.895	86.433	1	—
325. VALENCE... ...	10	20.146	157.201	2	certain.
326. Valenciennes.	7	24.344	174.220	2	probable.
327. Valognes......	7	5.466	84.786	1	douteux.
328. Vannes	11	14.560	154.810	2	—
329. Vassy	8	5.105	75.615	1	probable.
330. Vendôme	8	9.958	80.460	1	—
331. Verdun........	7	12.941	78.690	1	certain.
332. Vervins	8	2.752	120.509	2	probable.
234. Villefr. (av.). .	7	9.719	102.068	1	douteux.
235. Villefr. (Laurag.).	6	12.469	175.847	2	certain.
236. Villefr. T......	9	2.829	58.923	1	douteux.
237. Villeneuve d'A.	16	13.114	80.828	1	probable.
238. Vire	6	6.863	80.820	1	douteux.

NOMS des ARRONDISSEMENTS	Nombre des Cantons	POPULATION du CHEF-LIEU	POPULATION de l'arrondissement	Nombre des Députés	CHANCES ou SUCCÈS
339. Vigan (le)......	10	5.104	60.247	1	douteux.
340. Vitry..........	5	7.852	50.511	1	probable.
341. Vienne	10	24.807	147.778	2	certain.
342. Vitré..........	6	8.937	80.666	1	douteux.
343. VESOUL........	10	7.604	102.672	1	certain.
344. Vouziers..... .	8	3.073	58.932	1	probable.

Du détail précédent c'est-à-dire du vote par arrondissement, il résulte :

DÉPUTÉS.

1° Que 16 arrondissements avec une population inférieure à 37,500 habitants, élisent néanmoins *1 député* chacun (1) par le scrutin uninominal, ce qui fait...................... 16

2° Que 232 arrondissements avec population variant de 37,500 à 112,500 habitants, élisent chacun *1 député* au scrutin (scrutin uninominal), ce qui fait......................... 232

3° Que 91 arrondissements avec une popu-

---

(1) La représentation accordée à ces 16 arrondissements malgré l'insuffisance de leur population, semble exiger l'abaissement des bases précédemment établies de 2,500 habitants, de manière à avoir 110,000 au lieu de 112,500, 185,000 au lieu de 187,500, etc.

Ces quinze arrondissements qui n'auraient aucun droit à être représenté d'après le chiffre de leur population, sont : *Albertville, Arcis-sur-Aube, Briançon,* Calvi, Castellane, Embrun, Fortcalquier, Gex, Loudun, Marvejols, Murat, Nogent-sur Seine, Nyons, Puget-Théniers, Sartène, Sisteron.

lation variant de 112,500 à 187,500 habitants, élisent chacun *2 députés* au scrutin de liste, ce qui fait..   182

4° Que 9 arrondissements avec une population variant de 187,500 à 262,500 habitants, élisent chacun *3 députés* au scrutin de liste, ce qui fait..   27

5° Que 2 arrondissements avec une population variant de 262,500 à 337,500 habitants, élisent chacun *4 députés* au scrutin de liste, ce qui fait..   8

6° Que 2 arrondissements avec une population variant de 337,500 à 412,500 habitants, élisent chacun *5 députés* au scrutin de liste, ce qui fait..   10

7° Que 2 arrondissements avec un population variant de 487,500 à 562,500 habitants, élisent chacun *7 députés* au scrutin de liste, ce qui fait..   14

8° Que Paris et son arrondissement avec une population de 1,860,000 habitants, élisent *24 députés*, ce qui fait...............   24

Total des députés à élire par les 355 arrondissements y compris les colonies.......   513

CONCLUSION

La première pensée de l'auteur a été de se borner à signaler au public les divers avantages et les divers inconvénients de chaque système, sans dire duquel des deux l'adoption lui paraît préférable. Mais en agissant ainsi, il aurait pu se faire soupçonner, et même accuser, d'être partisan du scrutin d'arrondissement, et de là à la qualification de *réactionnaire* et de *bonapartiste* (1), il n'y a pas loin, dans la Gironde surtout. L'auteur s'est donc ravisé et pour couper court à toute interprétation erronnée ou malicieuse, il déclare, *puisque entre deux maux il faut toujours choisir le moindre*, que ses vœux présents sont pour l'adoption du scrutin de liste départemental, beaucoup plus favorable que l'autre mode à l'intérêt général, mais beaucoup moins avantageux *aux républicains radicaux*, dont l'élection serait assurée dans tous les arrondissements possédant une ville un peu considérable.

---

(1) Il fut un temps où, par respect pour la volonté du peuple français (consciente ou inconsciente), il était permis d'être ou de *paraître* bonapartiste, alors surtout que suivant le lieu de domicile, il pouvait être dangereux de ne le point paraître.

Mais aujourd'hui, après *Sedan*, après *Metz*, après la *ruine* et le *démembrement* de la patrie, il n'est plus permis *de l'être* sans être pris pour un imbécile, ou un ex-foncionnaire complice de tous les vols et de tous les méfaits commis sous l'Empire.

Pour disculper et défendre l'Empire, il faut se sentir chargé de la plus écrasante responsabilité, il faut avoir besoin de se disculper et de se défendre soi-même comme complice de tous ses crimes et de tous ses méfaits.

RÉSUMÉ

TABLEAU SYNOPTIQUE *par département et par arrondissement des chances de succès des candidatures républicaines.*

	Nombre des départements	Nombre de députés	Nombre d'arrondissements	Nombre de députés
Succès certain	40	236	89	185
Succès probable.....	23	111	138	176
Succès douteux......	35	166	128	152
Totaux........	98	513	355	513

Nombre des conservateurs de la République, d'après le scrutin de liste :

$$236 + \text{le } 1/2 \text{ de } 111 = 291$$
$$\text{Nombre des opposants } 222$$

Total égal. 513

Nombre des conservateurs de la République, d'après le scrutin d'arrondissement :

$$185 + \text{le } 1/2 \text{ de } 176 = 273$$
$$\text{Nombre des opposants } 240$$

Total égal. 513

Nombre des départements où, d'après le scrutin de liste, les conservateurs républicains n'auraient aucun député ou représentant $98 - 35 + 11 = 46$

Nombre des départements où, d'après le scrutin de liste, les monarchistes opposants n'auraient aucun député ou représentant.. $98 - 40 + 12 = 52$

Imprimerie GILBERT STENGER, 91, rue Porte-Dijeaux.

www.ingramcontent.com/pod-product-compliance
Lightning Source LLC
LaVergne TN
LVHW012310050726
842524LV00004B/1316